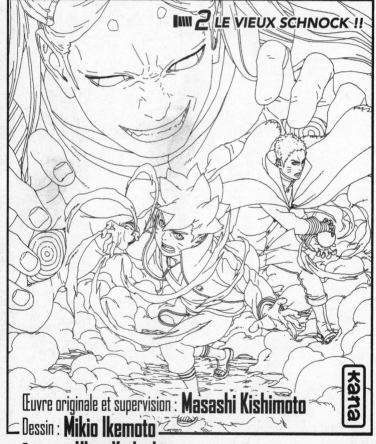

2 *LE VIEUX SCHNOCK !!*

Œuvre originale et supervision : **Masashi Kishimoto**
Dessin : **Mikio Ikemoto**
Scénario : **Ukyô Kodachi**

LES PERSONNAGES

Boruto Uzumaki

Mitsuki

Sarada Uchiwa

Inojin Yamanaka

Shikadai Nara

Chôchô Akimichi

Naruto
Uzumaki

Sasuke
Uchiwa

Hinata Uzumaki

Sakura Uchiwa

Le clan Ôtsutsuki

Résumé

Les grands affrontements ninjas, qui ont fait trembler le monde et fait couler beaucoup de sang, appartiennent désormais au passé. Boruto Uzumaki est devenu le 7ᵉ Hokage, et les habitants du village caché de Konoha peuvent enfin profiter de la paix. Le fils de Naruto, Boruto Uzumaki, vit mal le fait d'être dans l'ombre de son éminent père. Boruto se rebelle contre Naruto tout en cherchant sa reconnaissance. Il décide de passer l'examen des ninjas de moyenne classe avec l'équipe dont il fait partie aux côtés de Sarada et Mitsuki. C'est dans ce contexte que Boruto devient le disciple de Sasuke, le père de Sarada et l'ancien rival de Naruto.

Toutefois, l'examen est bien plus difficile que ne l'avait imaginé Boruto. Il ne peut s'empêcher d'utiliser les artefacts de l'unité scientifique pourtant interdits...

Dans le même temps, une nouvelle menace est sur le point de s'abattre sur nos héros...

Les enfants des ninjas légendaires vont se frayer leur propre chemin !!

BORUTO
=NARUTO NEXT GENERATIONS=

 LE VIEUX SCHNOCK !!

SOMMAIRE

* 7ᵉ HOKAGE.

JE PARLE DE BORUTO ET DES AUTRES.

COMMENT ÇA ?

ILS ONT RÉUSSI AUSSI LA 2ᵉ ÉPREUVE.

...

HÉ ! DIS-MOI, ILS ASSURENT !

OUO... OUO...

QUI ÇA ?

AH...

VRAIMENT ?

OUO... OUO...

OUO...

T'ES VENU...

... JUSTE POUR ME DIRE ÇA ?

...

BAH... SALUT !

C'EST PARCE QUE C'EST UNE CHOSE IMPORTANTE.

ON POURRA PEUT-ÊTRE VOIR NOS FILS S'AFFRONTER...

ET POUR INFORMA-TION...

... L'ÉQUIPE DE SHIKADAÏ A RÉUSSI AUSSI.

KTAM !

...

KTAM

OUAIS !!!

BWAAAAM...

* FEU.

... A L'AIR DE VOUS DONNER DU MAL.

LE DÉCHIF-FRAGE DU ROULEAU...

STA STAD STA... STAD

...

T'AS RAMASSÉ UN SACRÉ CASSE-TÊTE...

PFFT...

OUI...

ÇA VA PRENDRE ENCORE UN PEU DE TEMPS.

SA-SU-KE...

JE REVIEN-DRAI...

... QUE TU AS ACCEPTÉ D'ENTRAÎNER MON FILS ?

IL PARAÎT...

JE VEUX LE CROIRE.

MOI...

...

STAP! STAP! STAP! STAP!

JE SUIS RENTRÉ !

FÉLICITATIONS, GRAND FRÈRE !!!

CHOK !

ARGH !

TU N'ES PAS BLESSÉ ?

CA S'EST BIEN PASSÉ ?

TOUT VA BIEN !

TU EXAGÈRES ! JE N'AI RÉUSSI QUE LA 2e ÉPREUVE !

MAIS...

ATTENDS, HIMA !

BORUTO ! TE VOILÀ !

JE NE VAIS MÊME PAS DÎNER.

JE FILE DIRECT DANS MA CHAMBRE.

MAIS JE SUIS QUAND MÊME RINCÉ.

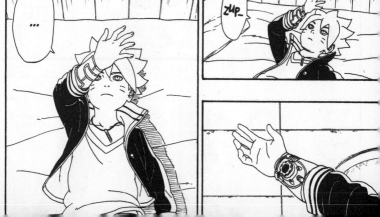

SALUT...

...

...

EUH...

BAH...
QUOI ?

PAPA !

OUAIS...

...

...

IL PARAÎT...

... QUE T'AS RÉUSSI LA 2ᵉ ÉPREUVE ?

TAC

QU'EST-CE QUE TU ME VEUX ?

...

...

SI T'AS RIEN À ME DIRE, SORS DE MA CHAMBRE...

TU AS ASSURÉ.

BRAVO...

... JUSTE POUR ME DIRE ÇA ?

TU ES VENU...

POK !

SALUT...

T'AS PAS INTÉRÊT À PERDRE CONTRE SHIKADAI !

GWIP !

GNUP...

ÇA VA PAS ? JE VAIS PAS PERDRE !

STAMP!

JE SUIVRAI ÇA AVEC GRANDE ATTENTION !

SALUT !

KRR...

GWAP...

S'IL N'AVAIT QUE ÇA À ME DIRE, UN MAIL AURAIT FAIT L'AFFAIRE...

BTAM !

...

MPF...

UH...

...

GNIIIIP...

....!

CE VIEUX
SCHNOCK,
ALORS !

ÇA VA COMMEN-CER.

* DE DROITE À GAUCHE : EAU / VENT / FEU / FOUDRE / TERRE.

LA 3ᵉ ÉPREUVE EST UNE ÉPREUVE INDIVIDUELLE.

VOUS DEVEZ SÛREMENT DÉJÀ LE SAVOIR.

... UN MEMBRE DE VOTRE ÉQUIPE QUE VOUS CONNAISSEZ PARFAITEMENT !

VOUS ALLEZ PEUT-ÊTRE DEVOIR AFFRONTER...

VOUS ÊTES PRÊTS ?

LORS DE LA FINALE, LES VAINQUEURS DES TROIS POULES, "KÔ", "OTSU" ET "HEÏ", COMBATTRONT EN MÊME TEMPS !

IL Y AURA TROIS COMBATS AU MAXIMUM.

OUI !!

JE DÉCLARE OUVERTE...

BORUTO UZUMAKI

VS

YURUI

- LA 3ᵉ ÉPREUVE DE L'EXAMEN DE SÉLECTION DES NINJAS DE MOYENNE CLASSE !

VS YURUI

STAP !!!...

AVANCEZ-VOUS TOUS LES DEUX !

DU VILLAGE DE KUMO...

... YURUI !

DU VILLAGE DE KONOHA...

... BORUTO UZUMAKI !

QUE LE PREMIER MATCH...

... COM-MENCE !!

JE VAIS TOUS VOUS "DÉMOLIR" ! C'EST CE QUE JE VEUX DIRE !

NOUS "DÉMO" ?

QUOIII ?

... TOUS VOUS "DÉMO".

JE VAIS VRAI-MENT...

BASH!!

GWIIIIP ブ"ブ"ブ"…

T'ES VRAIMENT TROP NAZE !

ARRÊTE D'ABRÉGER LES MOTS COMME ÇA !

FWAM フワリ…

!

FW'IP !

SI J'ABRÉGEAIS CE MATCH AUSSI ?

HÉ !

PFUUU !

RIEN À CIRER DE TON TRUC !

AAARGH !

C'EST EXPLOSIF, CE MACHIN ?

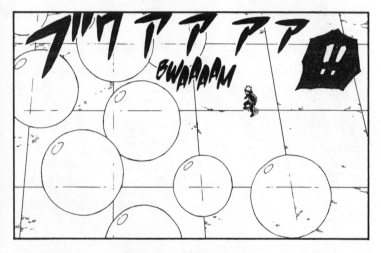

BWARAAM

ZUT !

"BRAVO...

TU AS
ASSURÉ."

ZUP~

TCHAC!

PASH

FWIP

PASH!

...PERDRE MAINTENANT !!

JE NE VAIS CERTAINEMENT PAS...

VRIIIIIIII

PAAAF

DoOoom

F''...BOM

BORUTO UZUMAKI
VS
Y...

POUAH !

JE CROIS QUE C'EST MOI QUI T'AI "DÉMO" !

DÉSOLÉ !

...UZUMAKI

FRT FRT FRT TRT...

IL PARVIENT À DESSINER UNE TELLE COURBE ?!

BORU...

IMPRESSIONNANT !

わああああ
OUAIIIIIS

LE VAIN-QUEUR EST...

HÉ ! HÉ !

... BORUTO UZUMAKI DU VILLAGE DE KONOHA !

TON NOM, C'EST "FRIMEUR" ?

EUH...

...

HUN

C'EST_YU...

...RUI !

IL EST FORT...

...

... CE GAMIN.

YOUPIII !!

JE VAIS AUSSI MONTRER CE QUE JE SAIS FAIRE !

ALLEZ !

ESPÈCE DE GREDiiiiiN !!

ZBOM

LE VAINQUEUR EST SARADA UCHIWA...

... DU VILLAGE DE KONOHA !

OUAIS !!

KRASH!

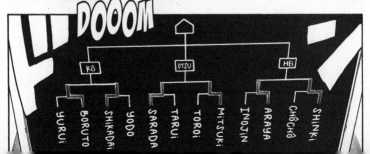

QUE LE 1ᵉʳ MATCH DE LA DEMI-FINALE...

...COM-MENCE !

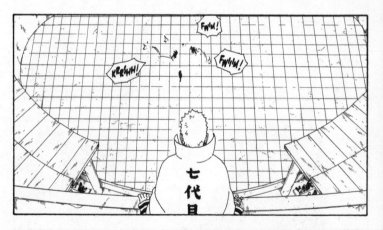

FW!M !

FW!!M !

KRRRIH !

七代目

TSS !

ON NE PERDRA PAS...

VAS-Y, GRAND FRÈRE !

MPF...

UGH...

ボン BOM

BOM ボンッ

GNUHUP
ギュウウ...

...

JE CROIS QU'ON CONNAÎT L'ISSUE DU MATCH !

HÉ ! HÉ ! HÉ !

J'AIMERAIS BIEN QUE TU DÉCLARES FORFAIT RAPIDEMENT.

BIEN...

...ウンッ
GNUHUP

FWIM !

FLAP !
FLAP !

CRRRRR...

QUOI ?!

...

TIENS-TOI PRÊT... ÇA SERA BIENTÔT À NOUS DE JOUER.

IL FAIT DU BON BOULOT. C'EST BIEN.

...

QUE FAISONS-NOUS ?

MON MAUVAIS PRESSENTIMENT ÉTAIT FONDÉ...

...

VOICI LES RÉSULTATS DU DÉCRYPTAGE DU ROULEAU.

JE SUIS DÉSOLÉ, MAIS L'EXAMEN EST ANNULÉ.

JE PARS L'ANNONCER DE SUITE À NARUTO.

FLAP

IL N'EN PEUT PLUS PARCE QUE SON FILS ASSURE ?

C'EST VRAIMENT UN PAPA SUPERFIER DE SON FILS !

QU'EST-CE QUI LUI PREND, AU HOKAGE ?

ZAC !

!

BORUTO...

QU'EST-
CE QUE
ÇA
VEUT
DIRE ?

....!

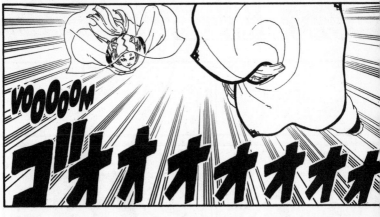

OUI...

JE RESSENS DE NOMBREUX CHAKRAS PUISSANTS.

JE LES VOIS AUSSI.

ILS SONT TOUS RÉUNIS.

NE BOUGE PAS...

ON ARRIVE...

RENARD...!

SHIKADAI NARA

"LES ENTRAÎNEMEN... LES CONNERIES... C'EST LOURD..."

AARF...

● **Caractéristiques**

Force physique :	90	Dextérité :	112
Intelligence :	180	Chakra :	120
Perception :	145	Négociation :	130

● **Compétences**

Observation ☆☆☆☆   Renseignement ☆☆☆☆
Ninjutsu ☆☆☆   Autres

● **Techniques ninjas**

Manipulation des ombres, Prise des ombres, Fûton -
Lame du vent, etc.

Note :
Pour les caractéristiques, une personne ordinaire
est à 60 et la moyenne des aspirants ninjas est de 90.
L'évaluation des compétences comprend 5 étoiles.
À 5 étoiles, on est de premier ordre.

...

IL NE FAIT PAS APPEL À TON PROPRE CHAKRA.

CET OUTIL NINJA N'EST PAS AUTORISÉ LORS DE L'EXAMEN...

LE VAINQUEUR EST SHIKADAI NARA. RECTIFIE ÇA, S'IL TE PLAIT.

BORUTO UZUMAKI EST DISQUALIFIÉ !

LEE !

C'EST CONTRAIRE À L'OBJECTIF DE L'EXAMEN DES NINJAS DE MOYENNE CLASSE DESTINÉ À FORMER DE NOUVEAUX NINJAS.

ON N'A PAS LE CHOIX, ON VA DEVOIR INTERVENIR MAINTENANT !

MINCE ! IL L'A DÉCOUVERT.

AH LÀ LÀ...

IL A DÉCONNÉ...

BORUTO UZUMAKI...

... EST DISQUALIFIÉ POUR L'USAGE D'UN OUTIL NINJA INTERDIT !

CE GARÇON VEUT VRAIMENT TRAÎNER SON HOKAGE DE PÈRE DANS LA BOUE !

C'EST PAS VRAI...

NON...

LE VAINQUEUR EST SHIKADAI NARA DU VILLAGE DE KONOHA.

IL Y A DONC UNE RECTIFICATION.

ZUP...

QUOI ? J'AI LA FLEMME, MAINTENANT.

TU NE MÉRITES PAS...

... D'ÊTRE UN NINJA.

JE TE FERAI MON SERMON PLUS TARD...

ON Y VA... L'EXAMEN N'EST PAS TERMINÉ.

...

IL A FAIT QUOI, GRAND FRÈRE ?

TU CROIS VRAIMENT QUE T'AURAS LE TEMPS ?

PLUS TARD...

... TU ME FERAS UN SERMON ?

... JE...

... N'EN SERAIS PAS LÀ AUJOURD'HUI !!

SI SEULEMENT TU M'EN AVAIS DÉJÀ FAIT UN...

BORUTO...

...

... DE DISQUA-LIFIER BORUTO.

STAP!

LE 7°... C'EST DOMMAGE...

VOUS, ICI...

J'AURAIS PRÉFÉRÉ FAIRE CETTE ANNONCE APRÈS SA VICTOIRE... PASSONS.

JE M'ADRESSE À VOUS QUI ÊTES ICI PRÉSENTS.

TOUTEFOIS, IL EST DISQUALIFIÉ POUR AGISSEMENTS CONTRAIRES AU RÈGLEMENT.

LA PUISSANCE DE NOTRE ARTEFACT DONT IL VOUS A FAIT LA DÉMONSTRATION EST AUTHENTIQUE.

HÉ ! KATA-SUKE !

C'EST QUI, CE TYPE ?

VOUS AVEZ PU ADMIRER LA REMARQUABLE PRESTATION DE BORUTO !

DOM !

PROFITONS DE CETTE OCCASION POUR...

七代目火影

CACHE-TOI DERRIÈRE MOI.

VITE !

BORUTO...

...!

QUELQUE CHOSE EST TOMBÉ DU CIEL...

QUOI ? QUOI ?

HE ! QU'EST-CE QUI SE PASSE ?

ざわ ざわ...

ざわ ざわ...

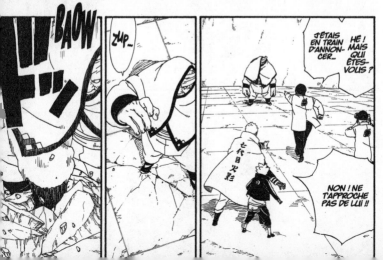

BAOW

ZUP~

J'ÉTAIS EN TRAIN D'ANNON-CER...

HE ! MAIS QUI ÊTES-VOUS ?

NON ! NE T'APPROCHE PAS DE LUI !!

わあああああ

AAAAARGH

JE N'EN SAIS RIEN.

QU'EST-CE QUI SE PASSE, ENFIN ?!

ON DOIT ÉVACUER TOUT LE MONDE AU PLUS VITE.

VLUSH

CRAK

ドバッ

ゴガッ

!!

AAAGH ! ÇA S'ÉCROULE DE CE CÔTÉ AUSSI !

ドバッ VUUUUSH VLUSH ドバッ

ZOOOM

MAITRE
KAZEKAGE !!

!

SHINKI !

CRAAK

AAARGH !

...

OUI...
PÈRE...

NOTRE
PRIORITÉ
EST DE
METTRE
LES
GENS À
L'ABRI.

NE TE
TROMPE
PAS DANS
L'ÉVALUA-
TION DE
TA FORCE
NI DANS
CELLE DE
L'ADVER-
SAIRE.

TU N'ES
PAS DE
TAILLE À
L'AFFRON-
TER.

AAAH

HIII

AH !

AAAu

AAAu

VENEZ PAR ICI !

AAAu

RESTEZ CALMES !

ÇA VA ?!

SALIVEZ-VOUS VITE !

MAIS... QU'EST-CE QUI SE PASSE, ENFIN ?!

...!

JE VAIS VOIR AUSSI PAR LÀ.

JE TE CONFIE LA PETITE !

あああああああ
AAAAARGH

EST-CE QUE ÇA VA ?

ALLEZ ! VIENS AVEC MOI.

!! ZUN スルッ

CRAK ガラ CRAK ガラ

SARADA !!

WOOM !

JE NE T'AVAIS PAS ENCORE REMERCIÉ POUR LA "CORNE" !

DRÔLE DE FAÇON DE SALUER.

HÉ...

FWAp

ZAK!

BWASH

FWIT!

STAMP !

HM ?

JE NE TE LAIS- SERAI PAS FILER.

ZUP !

!

KRRRRr

グ'
グ'
グ'

KRRRRr...

GRRR...!!

ÉTREINTE MORTELLE DE L'OMBRE !!

JE VOIS...

PFFT !

JE NE SAIS PAS QUI VOUS ÊTES, MAIS VOUS ALLEZ RESTER TRANQUILLES !

VOUS VOUS CROYEZ OÙ ?

STAP STAP !

ET TOI, ÇA VA ?

BO-
RU-
TO !

TU
N'AS
RIEN ?!

GOOOO

WOOOOOOO

LE PETIT, C'EST MOMOSHIKI ÔTSUKI.

LE GRAND, C'EST KINSHIKI ÔTSUKI.

QUI SONT CES ÉNERGUMÈNES ?

AUTREMENT DIT, LE CHAKRA DU BIJÛ QUI EST EN TOI.

ILS VEULENT LE FRUIT DU CHAKRA.

JE TE PASSE LES DÉTAILS...

ON A RÉUSSI À DÉCHIFFRER LE ROULEAU.

POUR RÉSUMER, ON VOULAIT NOUS AVERTIR DE L'ATTAQUE DE CES DEUX-LÀ.

GOOOOO

ゴオオ

オオオ

AAAARGH

あああ

HII

キャー

AAAU

... ET SANS AUCUN EFFORT...

AVEC LE "TAN", SANS DÉLAI...

ALORS, VOUS COMPRENEZ LE NIVEAU D'EXCELLENCE DE CETTE CHOSE.

... JE PEUX OBTENIR UNE FORCE FABULEUSE.

AUTREMENT DIT, VOUS N'ÊTES QUE DES LÂCHES QUI SE DOPENT !

CE N'EST PAS ÇA, LA FORCE AUTHENTIQUE !!

LES CRÉATURES INFÉRIEURES NE PEUVENT PAS COMPRENDRE...

PFFT !

ZUP...

VOUS ALLEZ LE PAYER DE VOTRE VIE.

HAM!

PEU IMPOR-TE.

KOOOOOOM

POOF

!

ZAC !

CA NE SERT À RIEN...

VGHHHH

TOUT ÇA, C'EST PELT-ÊTRE DE MA FAUTE !

JE DOIS LA PROTÉGER !

STOP !

OUUUUUUUU

...!

BROLOOOOOOM

LE 7ᵉ !

QU'EST-CE QUE C'EST ?!

HEIN ?

J'IGNORAIS QU'IL POSSÉDAIT UNE TELLE FORCE...

PAPA...

BRALAM

ゴゴオ

PFFT !

WOOM !

!

QUELLE INSOLENCE !

UTILISE AUSSI MON CHAKRA.

SI TU PERDS, CE SERA FICHU.

MERCI, SASUKE.

OUAIS...

BROM
BROLOM

ARGH!!

BRALAAAM

ZWOOOOM

AAAARGH!!

NARUTO...

...

ALLEZ ...!

MAINTE-
NANT...

... C'EST
FINI !

WOOOO

JE TE CONFIE LES ENFANTS.

SASUKE...

ENTENDU.

...

BON !

QU'EST-CE QU'IL COMPTE FAIRE ?!

PAPA ?

J'ESPÈRE QUE T'ES PAS TROP ROUILLÉ !!!

ON Y VA, KURAMA !!!

BAM !

ON VA TOUT DONNER !!!

C'EST PLUTÔT À MOI DE TE DEMANDER ÇA, NARUTO.

RAAAAAAH!

INOJIN YAMANAKA

"SOYEZ PLUS CONSCIENCIEUX, BORUTO ET LA GROSSE !"

UNE ÉPREUVE AUSSI POURRIE... C'EST BIEN MON PÈRE...

● **Caractéristiques**

Force physique :	80	Dextérité :	126
Intelligence :	100	Chakra :	140
Perception :	160	Négociation :	120

● **Compétences**

Missions de renseignements ☆☆☆
Techniques d'élocution ☆☆☆
Ninjutsu médical ☆☆ **Autres**

● **Techniques ninjas**

Chôjû giga - moderne, Transposition,
Ninjutsu médical, etc.

Note :
Pour les caractéristiques, une personne ordinaire
est à 60 et la moyenne des aspirants ninjas est de 90.
L'évaluation des compétences comprend 5 étoiles.
À 5 étoiles, on est de premier ordre.

LES CRÉATURES INFÉRIEURES AIMENT SE DÉBATTRE VAINEMENT...

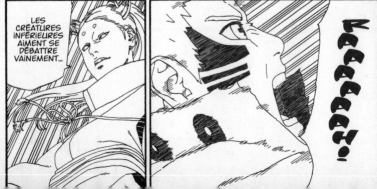

RAAAAAAH!

ZBOM

RAAAAAH!

RAAAAAH!

IL ÉTAIT CE QU'ON APPELLE UN RATÉ.

"IL N'AVAIT QUE DES FAIBLESSES.

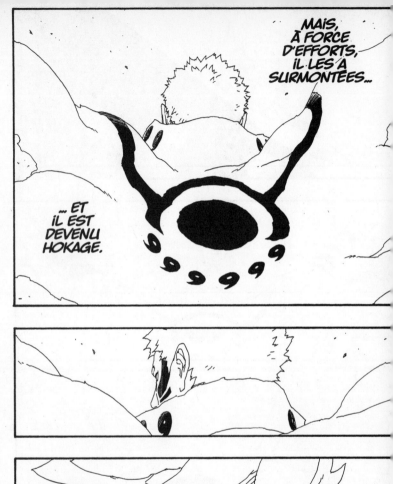

MAIS,
À FORCE
D'EFFORTS,
IL LES A
SURMONTÉES...

... ET
IL EST
DEVENU
HOKAGE.

LE NARUTO
QUE
TU DOIS
CONNAÎTRE...

... N'EST PEUT-ÊTRE PAS CELUI QU'IL EST DEVENU, MAIS CELUI QU'IL A ÉTÉ."

PAPAAAAA !!

BORUTO !

TU ES REVENU À TOI !

!?

FWIP

JE VOIS...

...

LE HOKAGE NOUS A PROTÉGÉS.

ON A TOUS ÉTÉ TRANS-PORTÉS ICI...

JE SUIS À... L'HÔPITAL ?

...

BO-
RLITO...

...

BORLITO !

STAP

* MÉDECIN.

FAIT CHIER !!!

CLANG!

...

ZWAASH!

...

BROM !

RAAAH !

GWAP !

ARGH...
ZUT !

グッ
グッ
...KRBRR

MAIS IL PARAIT QU'IL N'ÉTAIT PLUS DE CE MONDE...

... QUAND PAPA EST NÉ.

"ON NOUS RABÂCHE SANS CESSE QUE NOTRE GRAND-PÈRE AUSSI ÉTAIT HOKAGE."

PAPA N'A DONC PAS CONNU...

...CE GENRE DE SITUATION FAMILIALE, PAS VRAI ?"

"POURQUOI MON PÈRE EST-IL HOKAGE ?

N'IMPORTE QUI POUVAIT LE REMPLACER, NON ?!"

IL RESTE TOUTE LA JOURNÉE DEVANT SON BUREAU À FAIRE SON CRÂNEUR !!

...

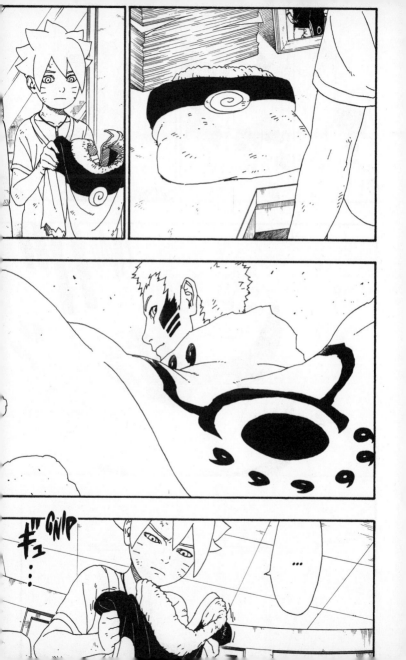

ギュ
GNIP

...

FWAP

JE SUIS
VRAIMENT
TROP
NUL...

TON BANDEAU A ÉTÉ CONFISQUÉ. TU N'ES MÊME PLUS UN SHINOBI...

TA TRICHERIE A ÉTÉ DÉCOUVERTE, ET TOUT LE MONDE TE MÉPRISE...

TA SITUATION RESSEMBLE À CELLE DE NARUTO AUTREFOIS...

ENCORE HEUREUX QUE TU AIES TA MÈRE ET TA SŒUR.

ET TON PÈRE A DISPARU...

MON PÈRE...

...

... DANS CE GENRE DE SITUATION ?

QUE FAISAIT-IL...

... QUE CE NE SONT PLUS SEULEMENT SES "FAI-BLESSES" QUI T'INTÉRESSENT.

ON DIRAIT...

...

SI TU VEUX LE SAVOIR, DEMANDE-LE-LUI DIRECTEMENT.

ON VA ALLER LE SAUVER.

MAIS UNE CHOSE EST SÛRE : IL EST EN VIE.

ON DOIT FAIRE VITE.

JE RESSENS SON CHAKRA.

JE NE SAIS PAS DANS QUEL ÉTAT IL EST.

IL EST SAIN ET SAUF ?!

PAPA...

...

MAIS POUR- QUOI...

... ES-TU SI BIENVEILLANT ENVERS MOI, SASUKE ?

JE NE T'AVAIS PAS DIT...

... QUE TU ÉTAIS MON PREMIER DISCIPLE ?

...

ÉCOUTE BIEN, BORUTO...

TU ES UN NINJA PUISSANT...

JE COMPRENDS QUE TU VEUILLES M'ENCOURAGER...

... MAIS LÀ, T'Y VAS FORT.

...

... QUAND TU ES VRAIMENT TOI-MÊME.

... TU POURRAS DEVENIR UN SHINOBI QUI SURPASSERA NARUTO.

SI TU LE SOUHAITES...

TU ES SON FILS ET TU M'AS POUR MAÎTRE...

J'EN SUIS CERTAIN.

ET SUR-
TOUT,
QUAND
TU T'Y
METS...

!

... TU
T'AVÈRES
ENCORE
PLUS
iDIOT QUE
NARUTO...

ÇA
VEUT
DIRE
QUOI ?

JE SUIS
"ENCORE
PLUS
iDIOT" ?

ÇA VEUT
DIRE QUE
"TU REFUSES
DE PERDRE".

SI VOUS PARTEZ SALIVER LE HOKAGE...

... ON VOUS ACCOMPAGNE...

LES KAGE ?!

LES...

ON VA LEUR FAIRE REGRETTER...

... DE NOUS AVOIR COMME ENNEMIS.

ON VA PAS RESTER LES BRAS CROISÉS, ALORS QUE LE HOKAGE A ÉTÉ ENLEVÉ...

IL EN VA DE L'HONNEUR DES KAGE.

C'EST GÉNIAL !!!

....!

J'AI L'IMPRESSION DE REVOIR NARUTO ENFANT.

PFFT !

IL LUI MANQUE QUELQUE CHOSE.

NON...

MAIS, C'EST...

···

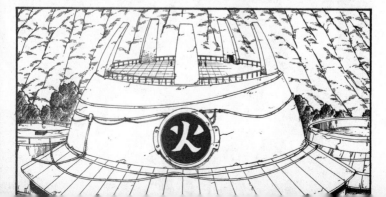

RINNEGAN !

MAIS JE NE PEUX TRANSFÉRER QU'UN NOMBRE LIMITÉ DE PERSONNES.

ON VA LES REJOINDRE EN PASSANT PAR ICI.

VU LES FORCES ICI PRÉSENTES, ON NE PEUT PAS RÊVER MEILLEURE ÉQUIPE.

RAME-NEZ-NOUS NARUTO !

BORUTO !

MAMAN...

BORUTO...

...

...

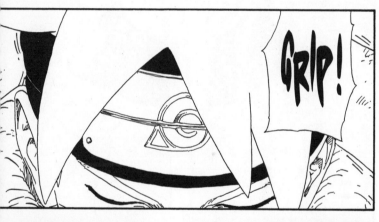

GRIP!

GNIP !

FWIP !

VEILLEZ SUR LES AUTRES !

SARADA ! MITSUKI !

STAP !

...PAPA....!!

ON ARRIVE...

GRANDE ENCYCLOPÉDIE DES NINJAS 6

CHÔCHÔ AKIMICHI

"JE NE SUIS PAS DU GENRE À ME SOUCIER DES CALORIES."

> ON DOIT FAIRE L'EXAMEN DE SA MOYENNE DE GRAISSE CORPORELLE ?

> MAIS OUI ! J'ÉCOUTE ! J'ÉCOUTE !

● Caractéristiques

Force physique :	150	Dextérité :	120
Intelligence :	70	Chakra :	145
Perception :	80	Négociation :	110

● Compétences
Résistance mentale ★★★★☆
Endurance ★★★★☆
Lutte à mains nues ★★★☆☆ Autres

● Techniques ninjas
Décuplement, Transformation papillon,
Boulet humain, Raiton - vitesse de l'éclair, etc.

Note :
Pour les caractéristiques, une personne ordinaire
est à 60 et la moyenne des aspirants ninjas est de 90.
L'évaluation des compétences comprend 5 étoiles.
À 5 étoiles, on est superfort.

DÉSOLÉ...

PFPT...

... AVEC NOUS AUTRES, LES NINJAS !

TU RISQUES D'EN BAVER UN PEU...

...

ZAAAK

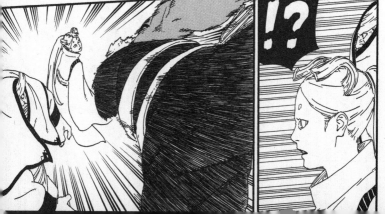

!?

TAISEZ-VOUS,
CRÉATURES
INFÉRIEURES !

ÇA VA,
PAPA ?

QUE
FAIS-
TU ICI ?

BORUTO !

BORUTO...
CETTE
TENUE...

...

WOOM !

DISONS
QU'IL EST
DEVENU
UN VRAI
NINJA.

...

BAH...

IL
S'EN EST
PASSÉ
DES
CHOSES...

H" STAP
...

J'AI L'AIR UN PEU CLASSE AVEC ÇA...

...PAS VRAI ?

...

HAHA !

J'AI L'IMPRESSION DE VOIR MON CLONE.

BIEN PLUS QU'AVANT...

OUI...

...

POUR L'ATTITUDE QUE J'AI EUE DANS LE PASSÉ...

EUH...

BORUTO...

C'EST BON ! CONTINUE COMME D'HABITUDE !

À L'AVENIR...

STAP

JE TE DEMANDE PARDON...

SEULE-
MENT...

ZUP
スッ

... RACONTE-
MOI QUEL
GARÇON
TU ÉTAIS
AUTREFOIS,
PAPA.

... QUAND
T'AURAS
UN PEU DE
TEMPS, AU
LIEU DE ME
SERMONNER...

D'AC-
CORD...

FFF !

... SI JE COMMENCE À PARLER !

TU SAIS QUE ÇA RISQUE D'ÊTRE LONG...

KLING

TSS !

TU VAS VITE REGRET-TER...

... D'ÊTRE INTERVENU, MINUS !

T'ES PLUTÔT RAPIDE PAR RAPPORT À TON GABARIT !

FWIUM!

CLANG

CHONK

BRAM

MPF...

STAMP !

KRSSSHIII

TECHNIQUE
DU BROUILLARD
DE SANG !
LE DÉSOSSEMENT !!

TSUCHIKAGE !!

EURF... ARGH...

JE M'EN OCCUPE !

VLUSH !!

YÔTON ! LA GANGUE DE CHAUX VIVE !!

TSS!!

ATTENDS, PAPA !

WOOM !

DÉSOLÉ, J'ARRIVE UN PEU TARD !

FWIP

QU'EST-CE QU'IL Y A, BORUTO ?

N'UTILISE PAS DE NINJUTSU CONTRE LUI !

QUOI ?!

WOOM-

EN FAIT, C'EST SIMPLE...

H'''

STAMP

...

C'EST COMME LE GADGET DE L'UNITÉ SCIENTIFIQUE.

JE ME TROMPE ?

... ET TU NOUS LES RENVOIES... MAIS...

TU ABSORBES LES TECHNIQUES DES AUTRES...

... CHACUNE DE TES "MUNITIONS" EST À USAGE UNIQUE.

DANS CE CAS, C'EST SIMPLE.

ON N'UTILISERA PAS DE NINJUTSU...

ON T'ACHÈVERA À MAINS NUES...

KRRRRR...

JE VOIS...

IL SEMBLE AVOIR UN DESTIN PLUTÔT INTÉRESSANT...

MALGRÉ LA PUISSANCE QUE TU RECÈLES EN TOI...

MISÉRABLE RENARD...

... TU ES INCAPABLE DE LA TRANSMETTRE À LA GÉNÉRATION FUTURE...

...?

RESTE EN RETRAIT, BORUTO !

HÉ ! TOI ! DE QUOI TU PARLES ?!

C'EST TROP TARD...

RENARD...

ÇA VA ÊTRE TON TOUR...

LE VIEUX SCHNOCK !! FIN

BORU CLU !!!

Retrouvez également dans ce volume la rubrique "Boruto Cluster" autrement appelée "Boru Clu !!!" qui a beaucoup de succès dans le magazine *Shûkan Shônen Jump*. Cette fois, nous vous présentons la nouvelle génération du village caché du Sable !! Des informations inédites que les fans de *Boruto* ne peuvent pas rater !!

PRÉSENTATION DES RIVAUX DE BORUTO
Boruto ne les a pas affrontés directement, mais ces trois-là sont très forts[1]!!

SHINKI

Parmi la jeune génération prometteuse du village caché du Sable, il est nettement au-dessus des autres. Il sait manier habilement le sable et la poudre de fer. J'aimerais qu'il devienne le leader des habitants du village.

Commentaire des rivaux

IL A RÉUSSI À ME VAINCRE...

IL ASSURE ! S'IL ÉTAIT PLUS BEAU, CE SERAIT ENCORE MIEUX.

Date de naissance : **non dévoilée**
Plats favoris : **gésiers, fondue de tripes**
Plat détesté : **nattô**
Hobby : **jardinage et broderie**

YODO

J'admets qu'elle a du talent. Mais elle ne quitte jamais ses écouteurs. Elle ne lâche jamais sa musique... Elle pourrait écouter ce que racontent les adultes !

Née le **1er décembre**
Plat favori : **macaron**
Plat détesté : **tous les poissons crus**
Hobby : **écouter de la musique, appareils audio**

J'AI GAGNÉ PAR HASARD, MAIS JE SAIS PAS CE QUE ÇA DONNERA LA PROCHAINE FOIS.

C'EST LOURD...

Commentaire des rivaux

ARAYA

Son masque vous préoccupe ? C'est pourtant un type intéressant. Il n'a pas encore dévoilé son coup secret.

Né le **13 mars**
Plats favoris : **chamallow, bonbons gélifiés**
Plat détesté : **donuts**
Hobby : **jeux miniatures et maquettes**

C'EST RAGEANT, MAIS IL M'A BATTU. LA PROCHAINE FOIS, JE DEVRAI ME DONNER À FOND !

QUOI ? C'EST PAS MON GENRE ?

Commentaire des rivaux

EN APPRENANT LE CHEMIN PARCOURU PAR SON PÈRE...

... AUJOURD'HUI BORUTO...

... VA GRANDIR D'UN COUP !!

SON PÈRE NARUTO EST-IL ENCORE EN VIE ?

ET QU'EN EST-IL DE SASUKE, QUI VEILLE SUR BORUTO ?

ŒUVRE ORIGINALE ET SUPERVISION : **MASASHI KISHIMOTO**
DESSIN : **MIKIO IKEMOTO**
SCÉNARIO : **UKYÔ KODACHI**

À SUIVRE DANS **LE VOLUME 3**...

Ce manga est publié dans son sens
de lecture originale, de droite à gauche.

Ici, vous êtes donc à la fin.

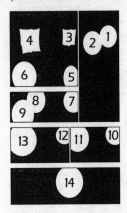

BORUTO:NARUTO NEXT GENERATIONS

BORUTO:NARUTO NEXT GENERATIONS © 2016 by Masashi Kishimoto, Ukyo Kodachi, Mikio Ikemoto
All rights reserved.
First published in Japan in 2016 by SHUEISHA Inc., Tokyo.
French translation rights in France and French-speaking Belgium, Luxembourg, Switzerland and Canada
arranged by SHUEISHA Inc. through VIZ Media Europe, SARL, France.

© KANA (DARGAUD-LOMBARD s.a.) 2017
7, avenue P-H Spaak - 1060 Bruxelles

Dépôt légal d/2017/0086/236
ISBN 978-2-5050-6872-3

Traduit et adapté en français par Misato Raillard
Conception graphique : Les Travaux d'Hercule
Adaptation graphique : Eric Montésinos

Imprimé en Italie par L.E.G.O. spa - Lavis (Trento)

PEFC
PEFC/18-31-280

Certifié PEFC

Ce livre est issu
de forêts gérées
durablement et de
source contrôlées

www.pefc-france.org

shonenjump
.com